Christa Spilling-Nöker

In deinem Herzen für immer

Abschied nehmen

INHALT

Der Schmerz ist so groß

Der Schmerz liegt groß und schwer auf deinem Herzen, das Unbegreifbare hat dich ergriffen, das du in seiner schweren Wirklichkeit noch gar nicht ganz erfassen kannst. Alles scheint noch unwirklich, immer wieder glaubst du, dass der Verstorbene gleich in die Tür tritt und dass das, was geschehen ist, nur ein böser Traum war.

Die unterschiedlichsten Gefühle werden sich in der kommenden Zeit deiner Seele bemächtigen, Zorn und Trauer werden dich heimsuchen, wieder und wieder. Es wird vermutlich lange brauchen, bis du nicht nur mit dem Verstand, sondern zugleich mit deinem Herzen ganz begreifen und erfassen kannst, was dieser Abschied für dich dauerhaft bedeuten wird.

Abschiednehmen braucht seine Zeit, es will durchlitten und ertragen werden, bis der Trost eines Morgens leise deine Hand nimmt und du dem Leben wieder neu begegnen kannst.

DEN SCHMERZ AUSTRAGEN

Was kannst du tun,
wenn der Schmerz
dich innerlich zu zerreißen droht?
Was kannst du anderes tun,
als den Schmerz auszuhalten,
ihn zu ertragen,
ihn auszutragen
wie ein Kind?
Der Schmerz braucht seine Zeit,
bis durch ihn hindurch
Neues geboren wird.
Das allein gibt dem Schmerz Sinn:
dass aus ihm eines Tages
neues Leben
dir erwächst.

TRÄNEN FLIESSEN LASSEN

In den Stunden,
in denen die Traurigkeit
überläuft,
wenn die Tränen fließen
und fließen,
geduldig warten,
bis sich der Schmerz
ausgeweint hat.
Die innere Leere ertragen –
wer weiß, wie lange? –
bis das Herz frei wird
und sich dem Leben
erwartungsvoll
stellen kann.

EINSAMKEIT ERTRAGEN

Unbarmherzig
ticken die Zeiger der Uhr
von einer Minute,
von einer Stunde zur anderen:
Die Zeit
hält den Atem an:
Stille lähmt die Gedanken,
Einsamkeit würgt,
und der Schmerz
schleicht sich nach und nach
wie Gift durch die Räume.
Schmerzensschreie
verhallen im Nebel –
Engel, wo bleibst du
mit deiner erlösenden Kraft?

VERWUNDETE ZEIT

Einsam
und verloren
in der Dunkelheit,
selbst die Sterne,
sonst treue Gefährten
der Nacht,
halten sich heute
verborgen.
Schatten
umwölken den Himmel,
bitter die Klagelieder:
Wer tröstet mich
in dieser verwundeten Zeit?

Auf dem Weg
deiner Trauer

Es gibt immer wieder Augenblicke, in denen du dich fragen wirst, wie dein Leben weitergehen soll? Immer wieder tauchen aus deiner Tiefe vor deinem inneren Auge Bilder auf – Erinnerungen an gemeinsam erlebte Tage. Du kannst dir gar nicht vorstellen, dass der geliebte Mensch nicht mehr da ist. Warum hört ihr jetzt nicht zusammen seine Lieblingsmusik? Warum erzählt ihr einander nicht von euren Träumen, warum genießt ihr nicht einen Cappuccino oder einen Espresso in deinem Lieblingscafé?

Deine Zuversicht ist entleert und den Träumen wurden Licht und Farbe genommen.

Vielleicht hilft es dir auf dem Weg deiner Trauer, einen der Orte aufzusuchen, der dir und dem Verstorbenen einst viel bedeutet hat, der dich mit ihm verbindet: Einen Weg zum Beispiel, eine Bank am See, eine Gaststätte, in der ihr miteinander fröhlich gegessen, getrunken und Freude am Leben gehabt habt.

Aber vielleicht gibt es auch ganz andere Stellen, Räume, Bäume, an denen du deinen Schmerz ausweinen kannst.

VERLORENE SEHNSUCHT

Ohne dich
verliert sich meine Sehnsucht
im Wind.
Der Trost weiß nicht mehr,
wo er neue Nahrung findet.
Mein Lebensmut ist blass
und meine Lieder sind leise
geworden.
Ohne dich fragt das Heute
vergeblich
nach einem Morgen.

Gibt es denn
kein Zurück?

TROTZ ALLEM

Wenn ich an
unsere gemeinsam
erlebten Zeiten
zurückdenke,
dann mischen sich
Gefühle von
Dankbarkeit
und Enttäuschung,
von Freude
und Schmerz.

Du hast mir
unendlich viel
Liebe gegeben
und mich dennoch
in vielen Fragen
allein gelassen.
Jetzt sehne ich mich
zurück zu dir –
trotz all der
Wunden.

ZU SPÄT

Erst,
seitdem du
gegangen bist,
weiß ich,
wie reich ich war,
als du da warst.

DIE ZEIT MIT DIR WAR SCHÖN

Die Zeit mit dir war schön.
Wie viele Jahre haben wir zwei
Hand in Hand durchschritten.

Nicht jeder Weg war leicht,
nicht jeder Tag nur sonnig;
so manche Nacht voll Schmerz
und Schuld und Einsamkeit
blieb uns auf unserer Reise
nicht erspart.

Und doch brach
– wie ein Wunder manchmal –
immer wieder ein neuer Morgen
für uns an, der uns der Zukunft
getrost
entgegengehen ließ.

Die Zeit mit dir
war schön –
sie war mein Leben.

ORTE DER TRAUER

Einen Ort finden,
zu dem wir unseren Schmerz
hinbringen können:

Einen Baum im Wald,
dessen kräftigen Stamm
wir umarmen –

eine warme Wiese,
die wir mit unseren Tränen
benetzen –

einen Menschen,
der uns schweigend
in seine Arme nimmt.

MEINE LIEBE WIRD DICH FINDEN

In meinen tiefen Schmerzen
ist es mir doch ein kleiner Trost,
dass du so friedlich
eingeschlafen bist
und dein Gesicht gar Züge hatte,
als würdest du mir noch
ein letztes Lächeln schenken.
Kein Tag, an dem ich
dieses letzte Lächeln
nicht noch vor mir sehe –
kein Tag, an dem mein Herz
dir nicht noch nah.

FÜR IMMER IN MEINEM HERZEN

Wo finde ich Trost in meiner Verzweiflung,
wo kann ich dir einen Ort
beständiger Liebe schaffen?
Nirgendwo bist du so gut aufgehoben
wie in meinem Herzen –
für immer und allezeit: Du!

Kostbares Andenken

Immer wieder einmal wirst du Dinge in die Hand nehmen, die dem Menschen, um den du trauerst, viel bedeutet haben: das Mitbringsel von einer gemeinsamen Reise zum Beispiel, ein bestimmtes Foto oder sein Lieblingsbuch. Vielleicht tun sich da sogar ganze Schatzkisten an Erinnerungsstücken auf. Sie zu berühren tut weh – aber zugleich strömen sie auch eine tröstende Kraft aus:

Der geliebte Mensch hat dir etwas hinterlassen, das zu berühren dich mit ihm auch jetzt und in Zukunft verbindet und so in heiligen Augenblicken noch einmal tiefe Nähe schenkt.

BERÜHRUNG MIT VERTRAUTEM

Wenn dein Herz einsam ist,
zieht sich alles
in deiner Seele zusammen,
und der Druck wird spürbar
im Schmerz,
der den ganzen Leib durchzieht.
Erst die Berührung mit Vertrautem
lässt leise wieder etwas ahnen
vom Reichtum, den das Leben dir
durch Wärme, Licht
und Farben schenkt.

ALTE FOTOALBEN

Die alten Fotoalben
nach und nach
noch einmal durchblättern
und sich berühren lassen
von dem Zauber der
Erinnerungen
der sich in ihnen
– Seite um Seite –
offenbart.

EIN TEIL VON DIR

Du wirst immer wieder einmal
von dem Verstorbenen träumen,
in den unterschiedlichsten Bildern
ist er in deiner Seele präsent.
In jeder seiner Erscheinungsweisen
lässt er dich eine Seite
von deinem eigenen Wesen
wahrnehmen und erkennen,
so dass du ihm verbunden bleibst
in dem, der du selbst bist.

NOCH IMMER DA

Möge dich
die Stille im Haus
nicht erschrecken
und die Leere
in den Räumen
dein Herz nicht
erschaudern lassen.
In allem, was
deine Hände berühren,
ist der geliebte Mensch
nach wie vor da;
es atmet noch nach ihm
in allen Winkeln –
sein Duft hängt noch
in deinem Kleid.

EIN PERSÖNLICHES DENKMAL

Manchmal tut es der Seele gut,
sich die Gedanken, die einen bewegen
und die Gefühle, die einen umtreiben,
von der Seele zu schreiben.
Mit Hilfe eines Tagebuchs der Trauer
kann der lange Weg des Abschiednehmens
nach und nach bewältigt werden
und der geliebte Mensch,
den wir verloren haben,
wird damit zugleich
mit einem ganz persönlichen
Denkmal geehrt.

TRAUMSTILLE

Traumstille
in dich einatmen,
behutsam
durchwärmt sie
deine Einsamkeit.
Tränen trocknen
hinter verschlossenen
Lidern,
Hoffnung
durchweht die Nacht –
der neue Tag wird
dich zärtlich
empfangen.

Stille und Licht

Stille hat dein Herz erfüllt. Behutsam zieht sie eine Bahn durch deinen Schmerz und schenkt dir heilsame Momente des Aufatmens, die dich ein wenig zur Ruhe kommen lassen. Bilder der Erinnerung steigen in dir auf, von der Zeit, als du das Leben mit dem Menschen noch hast teilen dürfen, von dem du jetzt Abschied zu nehmen beginnst. Vor allem die letzten Stunden, Tage und Wochen werden vor deinem inneren Auge wieder lebendig:

Was war wichtig und wesentlich in dieser letzten Zeit? Welche Fragen standen im Raum? Ließen sich Antworten darauf finden oder quält dich jetzt das Dunkel des Unausgesprochenen – versäumte Liebe oder ein Schatten an Schuld? Welche Freuden durftet ihr miteinander teilen? Wie tief waren die Begegnungen, die euch geschenkt wurden?

Du brauchst jetzt sicher viel Geduld, bis du den weiten Weg des Abschiednehmens, der langsam erst für dich beginnt, bewältigen und verlassen kannst. Schenk dir die Zeit zur Trauer und ertrage die immer wieder wechselnden Gedanken und Gefühle, denn wenn dich auch stets neue Wogen an Tränen und Verzweiflung überrollen und wilder Zorn dein Herz bisweilen zu zerreißen droht, darfst du am Ende wieder Licht am Horizont erahnen.

TROST WIRD DIR ENTGEGENKOMMEN

Der Trost wird dir
auf leisen Sohlen sanft entgegenkommen,
er wird dir zärtlich beide Hände reichen,
um dich der Nacht des Todes
und der Trauer zu entziehen.
Er hilft dir, wieder helle Räume zu betreten,
in denen dein gequältes Herz
allmählich Heilung ahnen kann,
wo Hoffnungsträume deine müde Seele
wieder stärken
und Zuversicht den Weg vor dir
von einem Schritt zum andern sacht erhellt.

DEM LICHT VERTRAUEN

Sich selbst
eine Kerze anzünden,
wenn sich der Himmel
verfinstert
und der Mut
sinken will.
Der zarten Flamme
vertrauen,
dass sie mit dir
die Nacht durchwacht,
bis dich das Morgenrot
findet.

MÖGEST DU SCHLAFEN KÖNNEN

Möge dich
der Himmel mit seinem
segnenden Licht umfangen,
deinen Kummer
wenigsten für die Stunden der
kommenden Nacht auflösen
und dich nach all den
schmerzvollen Tagen
mit einem friedlichen Schlaf
begnaden.

HOFFNUNG AHNEN

Jetzt musst du
Abschied nehmen
und mit wundem Herzen
in den Tod einwilligen,
der ja auch ein Teil
vom Leben ist.

Möge dir in den
Stunden der Trauer
Tröstliches zuwachsen,
damit du langsam wieder
etwas zu ahnen beginnst
von Hoffnung und Licht.

SPUREN DES LICHTS

Wenn die Dunkelheit
sich wieder breit macht in dir
und die Nacht in deiner Seele
kein Ende mehr nimmt,
dann schaue hinauf
zu den Sternen.
Es gibt keine Nacht
ohne Spuren des Lichts.

LICHT DES MORGENS

In manchen Nächten
ist der Himmel
von Wolken verfinstert,
so dass du den Glauben
an das Leuchten
der Sterne verlierst.
Aber der Wind treibt
die Wolken davon –
und das Licht des Morgens
berührt auch dich
mit der Hoffnung
auf einen trostvollen Tag.

Engel
des Trostes

In so mancher Nacht liegst du lange wach. Der Schlaf will sich einfach nicht einstellen. In den Gedanken mischen sich die Erinnerungen an den ersten Schock mit den Tagen des Alleinseins. Und in alle Gedanken und Sorgen immer wieder die Trauer, die Einsamkeit.

Vielleicht magst du dann all deine Nöte, deine Sorgen, Ängste und Traurigkeiten gleichsam in einen Korb füllen und dem Himmel schicken. Und wenn die Last dann wieder herunterkommt und erneut auf dir liegt, diese Übung wieder und wieder vollziehen, bis alles Leid endlich oben bleibt.

Vielleicht erbarmt sich ja ein Engel in der tiefsten Nacht deiner Schmerzen, dich mit einem sanften Schlaf zu beschenken – und vielleicht findet deine Not in deinen Gebeten Erhörung ...

ENGEL DES TROSTES

Schicke
in deinen Gebeten
all deine Trauer
und deinen Kummer
zum Himmel hinauf.
Möge der liebende Gott
sich deiner Schmerzen
erbarmen
und der Engel des Trostes
dein bedrücktes Herz
leise berühren,
damit du dich getragen
und geborgen fühlst.

FRIEDEN

Ich wünsche dir
den Trost der Engel,
damit deine Seele
jetzt endlich
zur Ruhe kommt.

Ich wünsche dir
das Licht der Sterne,
damit dein Herz
sich vor der Nacht
nicht fürchten muss.

Ich wünsche dir
den Frieden des Himmels,
damit du, versöhnt
mit dir selbst,
einschlafen kannst.

QUELLEN

Wenn deine Seele müde ist und leer,
deine Hoffnungen verdorrt sind
und deine Zukunft
sich wie eine Wüste vor dir ausbreitet –
möge doch ein Engel
dich berühren und bewegen,
dass du seinen Spuren folgen kannst
und sich die versiegten Quellen
neu mit Lebensfreude füllen
und mit Kraft.

NACHTENGEL

Der Nachtengel
möge dich
in deinen Traurigkeiten
und deinem Kummer
liebevoll trösten,
damit du deinen Schmerz
ausatmen,
so tief ausatmen kannst,
bis du empfänglich wirst
für seine lichtvolle,
beflügelnde Kraft.

IN GUTEN HÄNDEN BERGEN

Möge der Himmel
seinen stärkenden Segen
über dich ausgießen
und der heilig heilende Geist
dein Herz berühren,
damit du dich getröstet
und geborgen fühlst
in der göttlichen Kraft,
in die du deinen Kummer
hineinlegen darfst.

Kleine Schritte
gehen

Du musst einen Menschen loslassen, den du von ganzem Herzen liebhattest, und du weißt nicht, wie das Leben für dich in Zukunft überhaupt weitergehen kann.

Vielleicht hattest du inzwischen die Kraft, dir noch einmal die Beileidskarten anzusehen, die dich erreicht hatten, und das ein oder andere liebe und tröstende Wort jetzt ganz in dich aufnehmen. Vielleicht konntest du dich inzwischen auch mit lieben und vertrauten Menschen aussprechen und dabei ein Stück der Last, die auf dir liegt, abgeben. Vielleicht war dir dabei auch dein Glaube ein guter Wegbereiter, der dich mit Hoffnung erfüllt hat, dass dir – allem Schmerz zum Trotz – neue Zuversicht geschenkt wird, die dich wieder in dein eigenes Leben entlässt.

Und vielleicht magst du deinen Blick bisweilen auf jene Menschen lenken, die deiner Hilfe und der Kraft deiner unermesslichen Liebe heute bedürftig sind. In allem, was du ihnen an Gutem widerfahren lässt, ist dir der Mensch, den dein Herz geliebt hat, lebendig und nah.

KLEINE SCHRITTE GEHEN

Bisweilen
sind es die kleinen Schritte,
die dich ein Stück
weiterbringen
auf dem Weg
von der Trauer zum Trost.
Ein freundlicher Besuch,
eine anteilnehmende Karte,
ein wohlmeinendes Wort
sind dann manchmal
schon viel.

DEINE LIEBE VERSCHENKEN

Bei den Toten
kannst du auf Dauer nicht wohnen,
solange du lebst,
denn da, wo du Vergangenes
festhalten willst, stirbt allmählich
ein Stück von dir selbst.
Bewahre dir deine Erinnerungen
an das gelebte Glück
und wage dich auf den weiten Weg
des Abschiednehmens.
Heimat
findest du nicht
im verlorenen Gestern,
sondern da,
wo du heute liebst.

ES KOMMT DER TAG

Es kommt der Tag,
an dem du wieder Ja sagen kannst
zu deinem Leben,
an dem du eine Rose wahrnimmst
und ihren Duft einatmen magst.

Es kommt der Tag,
an dem du wieder zulassen kannst,
dass die Sonne scheint,
dass sie deine Haut wärmt
und der Himmel hell über dir ist.

Es kommt der Tag,
an dem du wieder lächeln kannst,
weil dir Hoffnung grünt
und die Zukunft dir
verheißungsvolle Wege bahnt.

Zur Autorin:
Dr. Christa Spilling-Nöker, geboren in Hamburg, Pfarrerin der badischen Landeskirche a. D. mit pädagogischer und tiefenpsychologischer Ausbildung. Sie lebt heute als Schriftstellerin in Ettlingen. Ihr poetisches und erzählerisches Talent hat sie zu einer der beliebtesten Autorinnen inspirierender Texte gemacht.

Bildnachweis:
Fotos: Paul Aniszewski (Umschlag), Job Narinnate (Vorsatz, S. 2/3), Artens (S. 9), Elena Rostunova (S. 17), Gorloff-KV (S. 24/25), ju_see (S. 30/31), Grisha Bruev (S. 36/37). Blätter: Anna Kucherova, NANOM. Alle shutterstock.

Verlagsgruppe Patmos in der Schwabenverlag AG, Ostfildern
Im Alten Rathaus/Hauptstraße 37
D-79427 Eschbach/Markgräflerland

www.verlag-am-eschbach.de

Gestaltung und Satz: Angelika Kraut, Verlag am Eschbach
Kalligrafie: Ulli Wunsch, Wehr
Herstellung: Grafisches Centrum Cuno GmbH & Co. KG, Calbe
Hergestellt in Deutschland
ISBN 978-3-98700-040-9

FSC MIX Papier aus verantwortungsvollen Quellen FSC® C043106 www.fsc.org

Klimaneutral Druckprodukt ClimatePartner.com/14549-2003-1001

Gedruckt auf FSC®-zertifizierten Materialien
Näheres zur Nachhaltigkeitsstrategie der Verlagsgruppe Patmos
auf unserer Website www.verlagsgruppe-patmos.de/nachhaltig-gut-leben

Manufakt
Dieser Baum steht für Erhaltung unserer natürlichen Lebensgrundlagen: klimaneutrale Produktion, umweltschonende Ressourcenverwendung und nachhaltige Herstellung. Individuell und mit Liebe gemacht.